꽃들이 눈 비비는 소리

초판 1쇄 발행 2024년 10월 1일

지은이 김미애
펴낸이 장길수
펴낸곳 지식과감성#
출판등록 제2012-000081호

교정 이주희
디자인 강샛별
편집 강샛별
검수 김지원, 정윤솔
마케팅 김윤길, 정은혜

주소 서울시 금천구 벚꽃로298 대륭포스트타워6차 1212호
전화 070-4651-3730~4
팩스 070-4325-7006
이메일 ksbookup@naver.com
홈페이지 www.knsbookup.com

ISBN 979-11-392-2117-6(03810)
값 10,000원

- 이 책의 판권은 지은이에게 있습니다.
- 이 책 내용의 전부 또는 일부를 재사용하려면 반드시 지은이의 서면 동의를 받아야 합니다.
- 잘못된 책은 구입하신 곳에서 바꾸어 드립니다.

이 시집은 원주문화재단 2024년 문화예술지원금으로 발간하였습니다.

지식과감성#
홈페이지 바로가기

김미애 시집

꽃들이 눈비비는 소리

"풀잎으로 물소리로, 연둣빛 시인으로 살아라,
나를 이해해 주는 가장 좋은 친구는 자연이기에"

작가의 말

슬기로움을 자랑하는 꽃들은
나와 헤어질 때
다시 돌아오겠다는 그 약속에 의지했다.
자연에 물드는 삶을 살아야 한다며
이른 아침 대문을 열고 나온 원주천은
꽃들이 눈 비비는 소리를 보여 주고
풀잎으로 물소리로, 연둣빛 시인으로 살아라,
나를 이해해 주는 가장 좋은 친구는
자연이기에 바람과 어깨를 나란히
그 어떤 방해도 없는 길에서
연필과 수첩을 꺼내
새들이 물어다 준 시어를 받아 적고 있다.

목차

작가의 말   5

봄은

1. 분꽃   10
2. 너와 내가 헤어진 건 목련 때문이다   11
3. 봄은 맨발로 온다   12
4. 수상한 관계   13
5. 꽃 마중   14
6. 봄은 인간의 스승   15
7. 너의 지식 안에 봄이 왔다고   16
8. 꽃들이 눈 비비는 소리   17
9. 그림자와 빛이 퍼지면   18
10. 제5의 계절   19
11. 트로트   20
12. 꽃밭을 향한 폭탄선언   21
13. 구름   22
14. 잔소리   23

여름은

1. 여름 꽃병 — 24
2. 옷자락에 묻은 바람 — 25
3. 백로의 멍한 시선 — 26
4. 늦은 장맛비 — 27
5. 지금은 몇 시인가 — 28
6. 담쟁이 — 29
7. 호박꽃 — 30
8. 보랏빛 잉크를 찍어 — 31
9. 닭의장풀 파란 꽃 — 32
10. 끈 — 33
11. 태풍 — 34
12. 나팔꽃 — 35
13. 창문 — 36
14. 여름에 떠난 사람 — 37

가을은

1. 레몬 엽서 — 38
2. 헤어짐 — 39
3. 인열왕후 선발대회 — 40
4. 바람처럼 — 42

5. 늙은 시인의 노래   43
6. 낙엽 그림자   44
7. 늙은 건 아니겠지   45
8. 오늘도 꽃무릇 피고   46
9. 할머니와 엄마   47
10. 추억이 날 찾아와 준다면   48
11. 비망록   50
12. 가을을 날아 보자 하겠네   51
13. 갈등   52
14. 할미꽃   53

겨울은

1. 겨울 숲   54
2. 노을   55
3. 크리스마스카드   56
4. 동백의 자리   57
5. 겨울 장미   58
6. 술   59
7. 나는 엄마이니까   60
8. 산수유 열매   62
9. 그녀의 병실 앞에서   64
10. 첫눈은 손님처럼   65
11. 그리움에 지친 꽃잎마다   66

12. 미루나무   67
13. 속앓이   68
14. 지루함   69

인생이지

1. 기타의 울음   70
2. 편지 쓰고 싶어 나왔다   72
3. 시냇물 잊지 말라 하네   73
4. 선운사   74
5. 장미의 완성   75
6. 친정 엄마의 제삿날   76
7. 나비허리길   77
8. 그리운 엄마   78
9. 우리 모두 깨달음이었네   79
10. 이상하고 아름다운 도깨비 나라   80
11. 소나무   81
12. 창과 방패   82
13. 나비의 사랑   84
14. 나뭇잎 배   85
15. 꽃들을 위한 축제   86
16. 염증의 묘약   87

봄은
분꽃

너를 보면
나는 슬프다

그리움에
두 눈이 슬프고

저리 고운 사랑을
품어 볼 시간을 놓쳐 슬프고

저렇게 얄미운
예쁜 꽃에 반해서 슬픈데

다시 올 외로움을
약속하는 꽃도 있을까

너와 내가 헤어진 건 목련 때문이다

왜 하얀 달밤에 돌아다니다
이별이 들어선 목련나무에 올라가
나의 봄밤을 흔들어 놓고 있느냐

나의 사랑을 나뭇가지에 묶어 놓고
차라리 목련만 바라보라 하지
허공을 채워 내는 목련이여 목마름에
꽃이 툭 떨어진 자리를 보라
누런 옷으로 꼼짝없이
흙이 되어 가는 의지를 발휘하며
나를 밀어 낸 목련이 달빛 뒤에서
괜한 투정으로 망설일 때

너와 내가 헤어진 건 목련 때문이라고
달빛이 훔쳐 간 이별을 되돌려 달라고
뽀얀 꽃과 나무를 흔들어도
우리는 없고 달빛만이 나를 배웅하네

봄은 맨발로 온다

봄은 신발도 안 신고 온다
보드라운 흙을 사분사분 밟고 온다
붉게 상기된 나무마다 상념이 스르르
호기심 많은 나비 날개에 매달려
사랑스러운 계절 전쟁으로 만나지
바람의 머릿속에서 봄을 발견할 때

봄이다
고래고래 소리를 지르며
태양의 그늘에 묵은 낙엽을 놓고 있다

심약한 풀들이 초원을 달려오듯
이른 아침에 쏟아 낸 이슬을 털고
어린 풀들은 야망에 들떠 헤엄치기 위해
봄은 맨발로 온다

수상한 관계

빈 항아리 속으로 봄바람 들어가자
참새 눈알처럼 투명한 꽃망울 태어났다
앙상한 나무에서 어찌
저렇게 빛나는 꽃을 피우는지

수상한 관계를 바람에 물어보고
봄비에 물어봐도 가지 끝에 매달려
꽃은 지는 게 아니라 떠나는 거라며

미련 없이 떠나는 매화의 꼭지를 물고
열매는 항아리 모양으로 태어났다
아 바람난 게 분명하다
꽃잎은 하나둘 자기 자리라고
누군가의 마음에 달려든다

그래 모른 척해 주마

꽃 마중

개나리꽃을 만나기 위해 길을 나섰습니다

까르르까르르 개나리꽃처럼 웃어 주는
친구가 보고 싶어
싱숭생숭한 시간을 보낼 때
멀리 있는 친구는 나처럼
꽃 마중을 다닐까요
허전한 가슴에 꽃잎으로 땜질하는 봄
나를 껴안은 온기에 눈물이 났고

노란 꽃잎을 만지작만지작
햇살 조각이 요술을 부리는 봄
우정을 싹싹 긁어모으고 오해를
풀어내는 힘을 달라고 기도합니다
기도의 제목처럼
천 개의 꽃이 한꺼번에 태어나면
친구는 먼 곳에서 꽃 마중 나오겠지요

봄은 인간의 스승

한 줌 햇살이 쏟아 낸 말들이
습관처럼 천변에 누우면
합리적이고 유익한 자연의 흔들림에
우주를 떠날 수 없는
천연스러운 아름다움이라는
삼월의 언어에 빛을 투시한다

세상에 불만이 많으면
고름이 생긴다는 봄의 말
고개 숙여 사과하라 공존의 의지로
이어지는 언어와 사물까지 그려 내는
바람의 말처럼
자연을 따를 수 있는 풍경을
받아 내는 봄은 인간의 스승이다

너의 지식 안에 봄이 왔다고

봄비가 품고 있던 사랑을 풀어 내려고 한다

사랑을 주고도 말이 없는 넉넉함
아득한 세월이 심어 놓은 머리카락의 수만큼
외롭다 투정하던 사랑은 빛이 바래
돌아선 지 오래되었는데

지식이 넘쳐서 비틀거리던 영혼은
운명을 해석하는 봄비를 유혹하고
둥둥 떠 있던 기억들이
꼬물거리며 그 사람에게 손을 내민다

바람이 물결처럼 봄을 감싸는 오후
지식과 포도주잔을 뜨겁게 부딪치자
몸살처럼 슬픔은 앨범으로 들어가 쉬고
지식을 사랑하던 사람에게 먼저 봄이 왔다

꽃들이 눈 비비는 소리

아침 안개가 피었네요
세상일 잠시 잊어 보라고
창문 틈에서 들려오는 바람의 말
나팔꽃 덩굴에서 꽃씨를 익히는 소리
긴 장마에 굳건히 서 있는 해바라기

꽃대에서 떨어지는 빗방울 굴러 굴러
언덕에 핀 풀들과 편지를 주고받는
백로의 사색은 허공을 달리고
벚꽃이 날아가 그리움으로 새긴 돌다리에서
물고기 눈동자로
해바라기가 쓴 편지를 읽어 주네요

풀벌레 걸음만큼 더디 오는 사람에게
오리걸음으로 빨리 가는 세월에게
순간을 입력하는 바람 소리처럼
꽃들이 눈 비비는 소리를
다 함께 들어 보자고 하네요

그림자와 빛이 퍼지면

빗방울 굳어지자
안개가 슬금슬금 빛의 자리가 되고
어제를 기억한 노을을 데려와
커다란 나무 허리를 감싸던
나비처럼 날고 싶다
빗방울과 같이 날고 싶었다
정성스럽게 꼰 빛줄기 딛고 일어난
그림자는 바람을 불러와
이 세상 침묵을 다 비틀어 놓으면
또다시
목을 열어 노래하고 춤추는 빗방울은
빛을 보고 기뻐 날뛰네
이처럼
그림자와 빛이 퍼져 흐르면
나비처럼 날아다닐 수 있다는
나의 빗방울이여
내일의 희망이여
언제나 반가운 손님으로 내게 와 주기를

제5의 계절

세상살이 아무 간섭 없이
네 생각대로 사람을 스치는
투정 없는 향수를 만드는 의무에
희열에 찬 무색 낭만까지

푸른 봄비로 숙성시켜야 하는 책임에
단술을 매단 들꽃마다 천둥과 번개가 쳐도
시련에 휘둘리지 말라고 하는구나

인연이 되어 달라던 노을은 퍼즐을 주며
일생일대에 걸쳐 제5의 계절을 세우고
떠나 버린 그리운 너의 능란한 해설
향수는 스스로 화석이 되어
제5의 계절이란 퍼즐을 맞추네

트로트

모호한 노래가 사람 곁으로 오가는 새봄
낡은 옷을 바꿔 입는 계절
바늘과 실로 찢어진 여백을 꿰맨
희미한 꽃 그림자

이별을 사랑하려 노래를 부른다고
직설적인 트로트 가사마다 바늘과 실을
가지고 다니며 상처 난 음표를 꿰매고
애절하게 띵까띵까 불러 주는
그 노래로 때울 수 없는 상처를
꽃받침을 가져와 바늘로 꿰매 본다

숨겨 둔 이별이 철들어 노래가 되고
사랑의 상처가 존재하는 천만 가지의
사연은 트로트에만 있는 것처럼
사랑해서 미안하다는
어느 가수의 가냘픈 목소리에 매듭을 짓고
나는 바늘과 실을 가지고
다음 유행가로 가고 있다

꽃밭을 향한 폭탄선언

겨울이 지나가려면 아직도 한 달은
기다려야 한다고 눈이 왔다

그 한 달은 지구의 365년처럼
문 앞에서 울고 있는 늑대 소리처럼 무서웠다
계절을 가로채어 봄비로 둔갑한다 해도
일 분 안에 새순이 돋고 꽃대 올라와
꽃이 피어 꽃밭을 치장할 수는 없는 일
꽃은 개울 물소리를 그리워할 것이고
곤충들은 돌다리를 건너
이웃 동네로 마실 가자고 할 것이다

봄이 오려면 아직도 멀었다는데
누가 봄을 빼앗아 갔을까

구름

너는 몸뚱이도 없이 뭉실뭉실
자기를 뭉쳐 놓았다 풀어 놓았다
그 어디에 매달려 가는 바람의 고갯짓에
비를 만들어 낸다

여우비를 만들까 이슬비를 만들까
구름을 닮은 안개비는 어떨까
아침이슬 닮은 구슬비를 만들어
풀잎 위에 놓으면 좋아하겠지

풀들이 누렇게 늙어 쓰러질 때
단비 내리면 다시 초록으로 일어설 거야
외로운 사람아
꽃을 드높이는 풀들의 자랑처럼
씩씩하게 살았으면 좋겠네

잔소리

나무는 봄에 잔소리한다
왜 이리 늦게 왔느냐
낮달이 봄에 잔소리한다
소나무 위에서 한참을 기다렸노라

한 줌의 바람이 펼쳐 놓은 발걸음
솔향기 가득 담아 인내심을 자극하는 밤
부르다 만 노래 가사 속에
봄을 넣었다 뺐었다

그 복잡하고 중요한 가사 속에서 빠져나와
전 세계 숨은그림찾기 속에 숨어도
단번에 찾아내는 나의 봄이여
지워질까 두려움을 걸었기에
찾을 수 있는 거라고
갑자기 보름달은 봄을 안고 와

어제의 노을처럼 발그레한 빛으로
유행가를 부르며
내 현생에 펼쳐질 아름다울 봄이여

여름은
여름 꽃병

꽃병 속에 빠진 달을 꺼낸다
보름달을 구운 내 사랑은 초승달인데
꽃들은 시를 읊고 이파리는
음계를 외우느라 바쁘고
바람은 여기저기 나뭇가지를
건들며 연주하라 한다

또르르 또르르 자맥질하는
청둥오리의 궁둥이에서 연기가 날 때
원주천 언저리를 오가는
백로는 아직도 네 생각 하는 중이라며

물 한 모음 허공에 뿌리면
달빛에 그윽해진 휘파람 따라
꽃이 오면 꽃병을 던져
원주천에 집 지으라 호령하네

옷자락에 묻은 바람

바람을 찍어 옷자락에 그림을 그려야지
장맛비 꺾어 뒷짐 진 그림자까지
나를 기다리던 꽃밭을 색칠하고
무조건 보름달을 심어야지

인내를 요구하던 그림을 완성하는 날
새소리가 바람에 흩어지고
붉은 꽃밭에 걸어 놓을 문패에
사랑한다고 쓰려고 할 때
옷자락에 그려진 처음 만난
새순과 빗물이 끼어들어 한마디 한다

무지갯빛으로 쓰라고

백로의 멍한 시선

수많은 사람이 누리는
기쁨을 하천은 알지
잠시 걸어 본 천변
옷깃을 스친 바람과
꽃향기와 나비의 춤과
잠자리의 비행까지

누가 이렇게 멋진 세계를
원주천에 덜어 주셨는지
신비로움이 매일매일
늘어나는 계절
저녁이면 똑같이 살아가는
나무들이 물속으로 들어와 눕는다

백로의 멍한 시선과
회색 왜가리의 고고함이 어디쯤 날아갈까
내기하는 아줌마들의 박수 소리가
물소리를 긴장하게 한다

늙은 장맛비

머리카락에서 비가 내린다
비린내를 풍기지 않겠다는 장맛비
라일락 향기로 흘러내린 비에서
여름은 햇살에 미끄럼을 타고
비의 키를 줄여 약이 되는 비라며
꼬부랑 신사처럼 천천히 와서 늙어 간다

오늘의 일들이 내일의 신비로움으로
감탄을 하러 올 거라는
감각을 닫고 있는 청둥오리들
멀리 날아가자 뛰어가자
소곤거리는 대화를 듣고 있을 때
알 수 없는 암호를 풀어 주듯
바람이 파랑 파랑 불어온다

지금은 몇 시인가

꽃 마음에 들기 위해
바람은 하얗게 노랗게 화장을 한다
바람은 여자인가 남자인가
하느님의 창조에
비밀이 숨어 있다니
연기처럼 흩어진 구름
쓸쓸하게 잠깐 왔다 가야 하는
소낙비를 애써 그리워하며
흔들거려도 넘치지 않을 강물을 보라고
고락에 겨운 바람이 화장을 지우면
세월의 날개를 달고 멀리 가려는
지금은 몇 시인가
파란빛이 물든 지금은 여름 시이다

담쟁이

사랑도 언젠가 소멸한다는 걸 알면서도
그 사랑을 잃지 않으려고 담장을 오른다
사람들이 고개 들어 얼마나 너를 본다고
감동의 영화 한 장면처럼 근사한 줄기와
이파리로 치장을 해도 빠르게 지나가는
사람들의 어깨를 보았을 뿐

넉넉한 풀 내음으로 서비스를
시작하던 어느 장마철
이파리마다 마중하는 물방울들이 모여
속절없는 웃음을 흘리면 담장 아래 풀들은
쓸모없는 인간의 허접하고도 무모한
권력의 쓴맛을 모르기에
높이 오르면 좋은 거라 믿고
빗방울 속으로 들어가는 가여운 담쟁이

호박꽃

이별 향해 함께 걸어가자고
끝이라는 꼭대기에 서 있을 때
꽃으로 얼마나 단단한 내공을 가졌는지
이파리가 지켜 주는 더듬이 줄기는
온종일 노란 꽃 곁에 행복했다

시간이 지나도 믿음을 놓지 않은
단단한 밧줄을 걸어 놓고
달덩이처럼 커 버린 호박을 지켜 준 건
서리 맞아도 슬프거나 아프지 않은
굳은 맹세가 있었기 때문이다

아침이면 습관처럼 이슬을 받아
세수하는 새들의 미모에 빠진 찬 바람이
호박 뒤로 숨으면 윤기로 반지르르
인제 그만 집 안으로 들여놓으라고 한다

보랏빛 잉크를 찍어

원주천의 깊이를 알아차린 청둥오리
흐르는 물을 찍어 편지지를 만들고
펜촉은 몽돌을 굴리며
무작정 편지를 쓰라고 합니다

세월은 천변에 제비꽃 뿌려 놓고
그리워했던 사람의 이름과
인상착의까지 기억하며
그 사람 이름을 보랏빛 잉크로 찍어
무작정 사랑한다고 써 놓고
편지를 부치려 했을 때

그 사람 어디에서도 찾을 수 없어
제비꽃 곁에 앉아서 서럽게 울었습니다
청둥오리 안타까운 편지를
몽돌 아래 숨기고 이끼 곁에 머뭇거립니다

아
그 사람, 이끼가 되었나 봐요

닭의장풀 파란 꽃

여름이 시작되는 비가 내리자
나는 나대로 너는 너대로
이야기 듣고나와 하하하 호호호
푸르름을 들어 올리던 닭의장풀에
손톱 닮은 꽃잎이 돋기 시작했어요
칠월 앞에 있는 비와 인사할 때
얼마나 달콤한 장맛비였을까요

꽃을 지켜 주겠노라
약속을 이끌고 다니는 비바람 속에서
첨벙거리며 놀던 청둥오리
시간을 얼른 주워 입고 날아가다가
나무 그림자에 걸려 상처 났어요

원주천에 칠월이 주렁주렁 열릴 때
상처에서 파란 물이 뚝뚝 떨어지자
파랗게 물들인 손톱을 자랑하는
달개비꽃처럼
나의 그림자도 파랗게 물들고 있었어요

끈

건조한 통증을 호소하듯 비를 기다렸지
길가에 누가 흘리고 간 네잎클로버
행운이 비에 젖어도
다음 날
비둘기가 물어다 줄 텐데

살아 헤어지고
죽어 헤어지는 연습처럼
약하디약한 꽃들은 바람과 헤어지고
햇살과 빗물과 헤어지면 그만인 것을
나무를 따라 갈 것을

뿌리를 파고 들어가 쉴 것을
너와 행운을 공유하던
인연과 집착의 끈이 풀어졌네

태풍

무서운 전설의 고향을 연출하듯이
태풍이 찾아와 우리 집 창문을 쥐어뜯고 있었다
큰 소리에 놀란 토끼처럼
혼자 있는 시간이 두려워 어디론가
피신을 하고 싶었다
칠흑 같은 어둠은 나에게 공포였다
조금 기다리면 바람이 물러가거나 잠을 자겠지

다음 날
바람은 안 그랬던 것처럼 침묵을 지킨다
어젯밤 일어난 무서운 얘기는
듣지 않을 거라는 바람이 싫어졌다
조용히 비만 왔다 갈 것을
창문을 열고 소리쳤다
이제 그만하라고

나팔꽃

너의 운명은 잠시 여름 하늘에
매달린 전깃줄이었었다
동아줄처럼 든든한 줄을 놓았으며
한 편의 시를 낳기 위한 모험을
시작으로 분홍색 옷을 입어야 했을 때

고독을 모르는 꽃들을 피해 술을 마시고
돌아본 하늘에는 별들도 늙었는지
이제는 소리를 내지 않아야 한다고
꼬부랑 글씨로 추신을 달아 놓는다

침묵의 계산기를 눌러
태양의 스승인 해바라기를 끌어당겼다
새들의 입에서 나오는 언어에 귀동냥하며
순간을 지탱해 온 시어들이 너를 흔든다

이제 지상에 내려가 여름을 꾸미라고
해바라기를 놔주고 저의 키를 키우라는
명령에 분홍빛으로 웃어 보는 나팔꽃

창문

아침에 일어나면
바람이 창문에 감기면서
눈을 통과하여 마음에 들어온다
하늘이 보이는 건
마음을 보고 있는 거라고
오늘은 맑음 내일은 비
어제는 낙엽 오늘은 눈
오늘의 날씨를 말해 주는
창문은 나의 변호사 내 삶을 변호해 주는
커튼을 스르르 치면서
자 이제 오늘 하루 덥지만 시원한
바람으로 살아 보자고
뜨거운 창문에 마음을 맞추며
문을 꼭 닫고 나간다
퇴근 후 집으로 왔을 때
창문이 바깥 공기를
막아 줘서 무척이나 시원했다

여름에 떠난 사람

이별하기 좋은 계절이 온다는
말도 안 되는 해석으로 여름에서 여름까지
참 더웠습니다

냇가에 쏟아부은 어린 물고기
저녁이면 그 물고기가 걱정이 되었고
기억의 강에서 춤을 춰야 살 수 있는 곳
별이 버려진 곳에서 태어난 물고기처럼
인연은 상상력으로 뛰쳐나온 별들처럼
내 심장을 헤집고 들어왔습니다

여울을 채우고 가는 집착의 모래알도
물고기처럼 춤추며
불시착의 공포를 헤엄쳐 나가는 외로움
시퍼런 허공에 이 여름을 달궈 놓고
그 사람은 모래알처럼
다시 오겠다며 떠났습니다

가을은
레몬 엽서

파도의 감정을 초월한 거품을 걷어
강이 되고 싶어 냇가로 갔다
여름을 끌어안은 구월에 말을 걸어 보고
물푸레나무에 레몬을 올려놓으면
비몽사몽 흔들리는 나뭇가지와 내가 닮았다네

인생을 풀어놓은 실타래처럼
신맛에 놀란 바람이 두 눈 동그랗게
뜨고 달려든 가을 앞에서
나는 너에게 엽서를 쓴다네

우리 모두에게 아련하고 고운 손님처럼
가장 반갑고 고마운 친구로 남아 있을 구월
레몬에 놀란 아름다운
눈짓을 모아 엽서를 보냈다네

헤어짐

너와의 헤어짐이 당연하다고
허전하고 깊은 이별의 빈자리를 때우는 바람
눈물 젖은 절반의 시간만 기억하라며

냉정하게 너의 추억을 동여맨 삶은
말라비틀어진 계절을 들고 날마다
껑충 뛰어오르는 저 새들처럼 자연스럽게
휘어지는 포물선이지

우리의 헤어짐이
아무렇지도 않아야 한다고
어떤 연애편지를 찢어 버린 눈물의 대사가
바람에 날리면서
우리들의 연극은 일 막이 끝났다고
곧 이 막이 시작할 때
햇살에 누렇게 뜬 나뭇잎에 고백하네
우리는 친구가 아니었다고

인열왕후 선발대회

하나
열
스물
서른
마흔
그리고 셋
마흔셋

당신의 옷깃을 놓고 싶지 않은
가족과 백성들의 바람을
노을 진 산자락에 물들여
놓고 어찌 가셨는지요

살아 이별하고 죽어 이별하는
이 별과 저 별 사이에
어느 꽃잎에 떨어지는 이슬로 깜빡이며
그리움만 두고 떠나신 당신에게
한지를 펼쳐 놓고 붓으로 다가갑니다

사백 년이 지난 오늘 당신은
한 시대의 올곧은 여인으로
따뜻한 성품을 수놓고 계셨다는 걸 깨닫습니다
이 나라에 남겨 두신 사랑의 별빛들은
당신과 백성들의 아름다운 신호인 듯
숨바꼭질하고 있는 과거와 오늘
별이 더 가까워지는 가을입니다

인열왕후 님
오늘은 왕후님을 닮아 가고 싶은
원주 여인들의 축제입니다
지금 저 밤하늘의 별빛으로 보고 계신다면
인열왕후 님
더 멀리는 가지 마세요
더 멀리는 가지 마세요

바람처럼

선명한 빛이 드러나기 시작했다
신의 손에 든 물감이 출렁이자
본질적인 가벼움을 한 움큼 잡았지만
신과 가까이 만날 기회는
주름진 나무 이파리에서 기다리는
인자한 가을빛이 내게 시선을 줄 때이다

우주의 만물을 들어 올려놓으시며
또 다른 세계에 일희일비하더라도
멀리 가는 엷은 바람처럼 연연하지 말라고
신은 저만치 서서 나의 언어를 잡아당기고
귀 기울여야 할 때가 오더라도
바람처럼 떠나지 말고 머물러 있어라 한다

늙은 시인의 노래

나뭇잎 낙엽이 될 때까지
조금만 기다려 준다면
그대 가슴에 핀 꽃 한 송이
눈송이 되도록 할 텐데
그대 떠나더라도,
그대 다시 돌아오지 않을지라도
나를 잊지 않을 건가요
좋아했지만 사랑하지 않았다며
비정하게 돌아선 날

가을이 다하고 난 뒤
그때야 사랑했다고 사랑한다고
떠들면서

늙은 시인은 지금 꽃 떨어진 자리에서
어떤 그 노래를 부르고 있습니다

낙엽 그림자

그림자 자국이 오랫동안 있는
가을의 자리에 앉는다
수많은 사람은 낙엽을 가장하여
잠시 앉았다가 바람으로 떠나는데
내 앞에 멈춘 것
엄마 닮은 낙엽 하나

그리움을 앓는 가을비처럼
바람에 미끄러질까 걱정하는
나뭇가지마다 웃음을 매달아 놓으시며
안심하라고 더 이상의 아픔은 없을 거라며
나를 위로해 주는 웃음소리

그림자 품에 안겨
"엄마 엄마 나 여기 있어요
엄마의 맏딸은 괜찮아요" 하고
하얀 손을 흔드는 시간
엄마 닮은 낙엽은 햇살을 매달고
나무 꼭대기로 올라간다

늙은 건 아니겠지

혼자 있을 때 저만치 멀어져 간
기억을 더듬거리지 않고 잘 찾아간다
늙은 것인가

혼자 있을 때 불면의 밤을 지나
오늘의 기억들이 내 감정을 툭툭 치면
울음 섞인 웃음이 토닥거리고
이승에서의 지난 사연들은 전부 다
돌아올 수 없는 사막을 건너간 거라며
생각 말자고 하네

내가 추억에서 도망쳐 나와도
기억으로 나를 붙들고 있는 몹쓸 미련
신이 주신 망각을 어디에 뒀는지 찾아 봐야지
늙은 건 아니겠지

오늘도 꽃무릇 피고

애절한 사연 안고
서러움에 피는 꽃도 있다고 하자
이루어질 수 없는
애달픔에 지는 꽃도 있다고 하자

인생은 덧없이 지고 피는 것이지
저 꽃이 무슨 죄가 있겠냐마는
다시 찾아오겠다고 기약을 하는 그리움

수백 년 지나도 미련은 붉은 옷 입고
사모하는 마음 무너지지 않는 울타리 되고
기억을 붙잡아 두는 호리병 모양의 뿌리
무엇을 담아도 아프지 않은 인내

먼 전설을 고백하는 믿음처럼
눈물로 떨군 잎새가 먼저 달려와
품에 안기면 오늘도 몇 가닥
눈물 꽃이 피었네

할머니와 엄마

고추잠자리 매콤한 냄새에 맴맴 돌고
뒷짐 진 그림자 속 할머니를 찾는다
햇살은 아직도 다섯 시에 걸려 있다고
마당에 축 처진 고추들이
50년 전 가을을 데려와 평상에 올려놓으면

할머니의 앞치마에
된장 고추장 항아리가 수놓아져 있고
파리 잡는 개구리 입이 하마처럼
쩍 벌어진 동화책 한 권이
장독대에서 낯선 타인의 이야기가
고추장 색 그림으로 번져 있었다

할머니는
고추장 된장 항아리를 열어 엄마를 부르신다
엄마는 아이처럼 신이 나 빈 통 하나 들고
세상에서 제일가는 요리사로 다섯 남매의
웃음소리를 앞치마에 수놓아 주셨다

추억이 날 찾아와 준다면

추억이 날 찾아와 준다면
그 밤 이별이 그리워
밤마다 별을 불러낼 것이다
가슴에 새긴 그 믿음을
빼낼 수 없는
나의 여린 마음이여

영원히 멈추지 않을 것 같은
너와 나의 추억을 실어
먼바다로 보내며

나를 잊고
너를 잊어라

추억은 지금도 이별이 싫어
배를 만드는 중이라지

흘러갈 수 있는 시간을
보내지 못한 나를
다시 찾아와 준다면
모르는 척해야 하나

비망록

자장가 불러 줄 때는 언제고
일찍 일어나라 창가로 와 초인종 누르네
꾀꼬리 소리를 닮고 싶다고 성대모사로
노래 연습을 해도

사람의 소리를 흉내 내는 참새야
대추나무에 앉아 대추가 빨리 익으라고
바람의 등을 당겼다 밀었다
콩알만 한 어린 대추가 태어나 기쁨이 되어
어디 한번 시조 한 수 지어 볼까

세상은 추워지고 있어도 풀숲은
아직은 살 만하다고 나를 물가로 숲으로
안내하는 새들의 날개에 영광이 가득하길
오늘도 나의 비망록에는 아침 인사를
담아 놓은 새들의 목소리 따라 **짹짹**
씩씩하게 내 삶 속으로 걸어간다

가을을 날아 보자 하겠네

가을비가 당신을 만났지만 어떻게
헤어져야 하는지 잘 몰라
산으로 들로 강으로 바다로 당신의
꽁무니를 따라다니다가 그만
빨랫줄에 걸렸다

만장처럼 펄럭이던 당신의 옷들이 뾰족한
가을비에 찔려서 구멍이 났고
가을 냄새가 그리워 날아온 잠자리는
낮은 비행을 하다가 도망친다

오후가 되면 날이 갤 거라는 뉴스와
날고 싶어 안달이 난 곤충들이 쓱쓱
꿈 많은 날개로 나풀거리면
저쪽에서 당신을 바라보던 가을비가
꽃밭을 향해서 가을을 날아 보자 하겠네

갈등

가을에 피워 낸 꽃들은 산으로 가자고
바다에서 건진 돌멩이들이 마주 앉아
이야기들을 줄을 서게 한다

아무리 떠들어도 듣기 좋은 말들
촛불을 켜는 사랑으로 고독했다는
철학 속에서 인생의 심지를 뽑아낸다

말없이 사라져 갈 꽃들의 희망이
산에서 한 생명 다하겠다고
끝없는 갈등을 저울질하는 산바람은
안개를 데려다 놓고 이제 그만
꽃들에 멀어지라고 한다

바다를 떠나온 돌멩이는 꽃을 들고
안개 속으로 사라진다

할미꽃

찬 바람이 먼저 찾아온다고 했지
가을의 손길로 소낙비가 반짝거리고
여름은 봄을 다듬어 준다고 했지
연둣빛 무덤 앞에 한 무더기 꽃
쓸모없는 정을 꽃잎으로 조각내었다

고개 들어 하늘을 보라고
서러운 보랏빛은 하얀 눈꽃으로
할미꽃을 만들어 봐도
산을 넘지 못하는 새들의 날개는
무덤가에서 누굴 기다린다

묘비명 대신 보라색 꽃잎으로
날아 보고 싶다는 할미꽃
내일이면 새의 등에 업혀
날아가게 해 줄게요

겨울은
겨울 숲

저 숲속 어디에선가
웃고 울고 있을 생명이여
이전의 가을을 기억할 것이다
떠날 수 없는 보금자리에 군불을 지피고
그 생명의 박수 소리와
웃음소리가 봄을 만들고 있기에

나무 끝에 닿은 빗방울이
숲을 비집고 들어가는 걸 참아 내야 할 겨울
묵은 낙엽을 끌어당겨 봄이 올 때까지만
날개 접고 편히 지낼 수 있는 자리를
지키는 일이 겨울을 지키는 것이라

이 숲의 세계를 뜨겁게 달구고 있을
텅 빈 숲속 나무뿌리 아래서
고단한 잠을 자는 생명이여
곧 봄은 완성이 될 것이다

노을

모든 눈물을 지나고
모든 생각을 지나고
모든 춤을 지나고
모든 소리를 지나고
모든 사람들과의 인연도 지나고
모든 외로움을 지나고
모든 무정함을 지나도
여기 강물은 지나가지 못하고 적히고 말았구나
물에 젖은 달빛처럼 퉁퉁 부어오른 꽃잎처럼
빛을 토해 놓고 가거라
그 빛이 노을이었노라고
모든 것을 화해할 수 있는 빛의 승부였노라고
지나가는 모든 것을 멈추게 하였으니
이겨서 아름다웠노라고
내일 눈이 온다면 저 멀리서 반짝이던
노을을 넣고 버무려
눈사람을 만들 수 있다고 말해 주고 싶다

크리스마스카드

새해를 앞에 둔 12월의 어느 날
크리스마스카드를 고르며 설렜었고
떠나 버리고 없는 사람의 이름을
쓰다 말고 엎드려 울었지요

겨울빛처럼 따뜻한 사람들 모습에
겨울잠 없는 새소리가 정오를 알릴 때
겨울이어서 멀어진 나무와 나무 사이에
발자국 대신 안녕이라는 인사를 남기면
바람은 지우고 다시 쓰라고 합니다

나무의 눈치를 보며
보고 싶다 써 놓고 또 울었습니다
사람의 정이 겨울보다 더 추운 거라고
그래서 자꾸만 끌어안는 거라며
크리스마스카드는 내 손을 잡아 줍니다

동백의 자리

모호한 시간이라고
아니 모호한 시절이었으므로
어떤 질서를 위한 것인지
나무를 흔들어 본다

비바람에 엉겨 붙은
거미줄 사이 겨울을 비추는
거울을 들고 오는 어여쁨
고된 세상살이에 꽃잎은 조각조각으로 만나
꽃송이 되고 싶은 질서에서 왔을까

선회했던 저녁이 돌아오면
꽃을 만들어 내기 위한
전설이 울고 있는 회색빛 겨울을
견뎌야 한다고 붉게 피워 낸 파안은
또 어디서 오는 것일까

겨울 장미

담장 위에서 턱 괴고 앉아
먼 곳을 바라다보면
너의 소원과 나의 만남이
이루어질까

괜히 너의 삶에 끼어들어
포근한 함박눈 몇 송이
날려 줘도 되나 모르겠네

시들어 버린 꽃잎의 손을 잡고
담장 위에 있자고 해도 괜찮을까

술

술 없이 인생을 어찌 사나
술자리에 앉으면 하는 소리
닫았던 귀를 열어 술 얘기만 듣고
다물던 입을 열어 술만 마시고
그러다 술이 가슴을 다 채우면
눈물로 쏟아 내야 하는 책임감 강한 술

술 한 잔에 얼굴을 빨갛게 화장하고
토끼처럼 충혈된 눈으로
현실보다는 미래에 들뜨게 하면

벽에 걸린 시곗바늘은 반대로 돌고
붙잡힌 그리움에 미련은 망해처럼 슬펐다

비틀거리며 걸어가는 길에
모든 일이 술술 잘 풀리라고
술이라도 부어야겠다

나는 엄마이니까

백만 년 전에
나무와 꽃들이 만났을 때
나는 어느 꽃의 엄마가 되기로
약속했을 것이다

그 후
꽃들은 백만 년 동안 피고 지고를
반복하여 내가 이 세상에
아들딸들을 만나러 왔을 때
나를 기억하고 나를 엄마라며
병아리처럼 삐악삐악

나는 앞으로
백만 년이 지난 후에도 아들딸들이
내 자식이었음을 그리워할 것이며
세상에서 가장 소중한 인연에
감사의 웃음이 모자라면
나무의 수액을 빌려서라도 기쁨의
눈물을 흘려 볼 것이다

나는 엄마이니까
고맙고 미안하고 사랑하니까

산수유 열매

바람을 뿌리치고 달려온 너를 본다
너의 뒷모습에 반해
산마다 등불 밝힐 너를 생각한다

거미줄 걷어 내는 바람을 달래 가며
이제는 멀리 가지 말 것을
약속해 달라며 새끼손가락 내밀어
나뭇가지에 걸어 본다

돌아온 너의 봄을 내가 기억하겠다고
오른쪽 노오란 노을을 낳을 때까지만
기다려 줄 것을 간청한다

연분홍빛 입술을 닦아 내는 삼월
나를 기다려 준 시간을 뒤척이며
산수유꽃 바람에 닳고 닳아
햇살에 연해져도 홀로 가는 길

그렇게 빨간 열매를 낳았다는
붉은 노을을 사랑하며
한겨울 주렁주렁 인내하는 미안함이여

그녀의 병실 앞에서

지금 어디예요
당신이 있는 곳이 어디인지 알 수 있지만,
더듬거리며 찾아가는 길이 멀다며
다시 돌아올 수 없느냐 물었다

한겨울 장미로 피어 머리가 빨간 여인
추억의 끈으로 아픔을 묶어 보고 싶다던 여인
낚시꾼처럼 물에 빠진 시간을 건져
눈물의 뿌리를 캐어 바람에 마음을 말리던 여인

외롭다고 말하지 못하고
벅찬 고생 끝에 막다른 길이었던
약 냄새 나는 병원 모 동 모 호실에
떡하니 붙어 있는 명찰이 힘없이 늙어 간다

똑똑
침묵으로 그녀를 끌어안고는
그 후
나는 어떤 말을 해야 하는가

첫눈은 손님처럼

세월의 수레바퀴를 움직일 수 있는
바람이 낙엽을 하얗게 굽고
달콤한 향기를 마당에 널어놓았지
첫눈은 손님처럼 왔기 때문이다

그 사람도 나처럼 늙어서 하얀 눈사람이
되고 싶었을까
바람이 불어와 밀짚모자는 날아가고
수염이 덥수룩한 눈사람으로
봄이 와 스스로 땅속으로
들어가고 싶었을 거야

그러나 그 눈사람에게는 봄은 오지 않고
천년만년 그루터기처럼
그리움을 지우지 말고 살라는 신이 주신
아름다운 형벌을 안고
눈도 삐뚤고 코도 삐뚤었지만
보고 싶다고 말하는 입은 삐뚤지 않았네

그리움에 지친 꽃잎마다

고독을 뱉어 버리고 아침을 먹으며
혼자 노는 일에 능숙한 사람
사랑할 줄 몰라 늘 배고프다 했다

뼈 시린 겨울을 마주하며
차가운 소주를 입안에서 데워
발끝으로 밀어 내고 고양이 걸음걸이로
야옹야옹 비틀거리던 사람

슬픔의 심로의 무게를 느낄 때면
창문에 그리움에 지친 꽃을 그리고
나무를 그리고 눈사람을 그리고
새를 불러와 노래를 부르라 했다

산에서 계수나무 향기가 달콤하게
번져 오면 먹통 같은 전화기를 들고
그 누구도 알아들을 수 없는 암호로
꺼이꺼이 울면서 말했다
어디 있느냐고

미루나무

미루나무에 등을 기대면 아버지에게
기댄 것처럼 의지가 되었다
내가 어른이 된 지금도 큰 키로
나의 유년 시절을 지켜 주고 있었다

유년의 필름을 돌리자 연은 나무 위로
올라가 하늘을 보라고 했고
아버지와 연날리기를 한다고 했다

세월이 가도 변함없는 아버지의
모습이 연에 그려져 있었고
아버지와 자식들의 사이에 있는
추억의 끈이라는 걸 연도 알고 있는지
녹슬지 않는 밧줄처럼 단단하게
미루나무에 걸려 있었다

속앓이

속앓이를 끝냈다는 듯이 눈이 내린다
창문에 붙은 눈송이
지는 꽃 대신 찾아와 주었네

창문에 기대에 고민을 거절하듯 눈이 내린다
이름을 기억하지 못해
내 집에 들어올 수 없는 첫눈

사람의 속을 알 수 있다며 눈이 내린다
아름다운 사연처럼 눈꽃을 피우고
이 밤이 너무 길어 그리움을 지우는

눈 오는 밤

지루함

동백이 누렇게 늙었어요
눈비 맞으며 얼마나 추웠을까
봄이 말하는 동백의 기억은
그저 붉기만 했노라고

혼자서 그 동백나무를
끌어안던 제주도에서
지나가는 사람들의
그림자에 갇힌 상처로
또 일 년을 기다리다가
바람에 흔들리면

비가 되고 꽃이 되는
시간이 참 좋았다고 이별의
흔적으로 초록빛 잎새에
적힌 사랑했다는 슬픈 인사가
이 겨울 참 지루하게 합니다

인생이지
기타의 울음

C 코드를 잡은 손가락이 울었다
기타 줄에 목이 뜨거워져
Am 코드로 옮겨 갈 줄 모른다

허파에 바람이 들어간 것처럼
다시 Dm 코드를 잡을 때
손가락은 울음을 그쳤다

겨우내 악보 속에 살았던 가사
목구멍에 걸린 음표 되어
하품으로 쏟아지면서
노래도 스스로 밖으로 뛰쳐나갔다

기타는 사람을 붙들고
코드는 손가락을 놓질 않았고
나는 으앙으앙 소리를 내며 울고
무릎을 꿇고 기도를 한다

사랑해서 미안해요
기타의 노래에 흑백을 넣어 춤을 추고
내 기도를 듣고 날 용서하라고

다시 G7 코드를 튕겨 웃음을 열어 보니
기타의 울음은 중년의 이마에 새긴
훈장처럼 당당했다

편지 쓰고 싶어 나왔다

편지 쓰고 싶어 나왔다

가시를 떼고 순하게
날아가는 가을이라고 하자
바람은 날개 단 편지지처럼
노래가 날아다니는 시월이라고

잠자리 물 배 타고
나비 날개에 민들레꽃으로
노랗고 하얗게 주소를 쓴다

시월을 딛는 너에게
민들레 홀씨는 고락을 스쳐
이름 하나하나에 씨를 심어 놓고
꽃잎 우표가 붙은
편지를 물고 날아간다

내년이면 편지에 꽃이 피었다고
답장이 올 것이다

시냇물 잊지 말라 하네

바다가 풀어져 강물을 넘볼 때
강물은 깽깽이걸음으로 시냇물 보면서
돌아선 그곳이 멀어지면 어쩌나

인연의 선행처럼 기다림으로 와
상사병을 앓는 여름과
둑에 풀들이 이끼와 가까이하는 가을
눈사람을 기다리는 노란 겨울까지

바다는 잊지 않고
몇십 번의 인생을 저울질하는 시처럼
틈을 비집고 들어온 물고기 무게를
기억한다는 슬픔을 당장 훔쳐 가라며
시냇물을 잊지 말라 하네

선운사

나와 나 사이에 동백만이 있을 땐
겨울도 뜨거웠지요

나와 불경 소리 사이에 자비가 있을 때
부처님이 웃으셨고요

나와 법당 사이 스님이 쥔 목어에서
동백이 피어났어요

동백은 법당을 뛰쳐나가 풍경을
천천히 울리고 있었어요

풍경은 법당으로 들어가
스님 옆에서 눈물을 닦았어요

장미의 완성

덩굴장미가 담장에 줄을 섭니다
긴 여름 동안 햇살에 덴 자국 없이
잘 견뎌 준 꽃잎마다 대견하다
바람이 칭찬할 때
덩굴로 뜨개질을 하려 합니다

가족을 위한 사슬뜨기
스승님을 위한 짧은뜨기
친구를 위한 긴뜨기
나를 위한 앞걸어뜨기

넝쿨이 실 되어 뜨개질하는 시간이면
가시는 보푸라기가 되어
담장 위로 올라가 옷에서 꽃향기 날리면
꽃송이로 단추를 달으려 합니다

잎새 한올 한올
넝쿨 한올 한올
초록 물이 든 스웨터를 입으면
가장 행복한 장미를 피워 내겠지요

친정 엄마의 제삿날

친정 엄마 저승 가시는 길
신발 하나 감출걸
노잣돈도 놓지 말걸
잿밥도 놓지 말걸

그랬으면 저승사자

먹을 게 없고
가져갈 게 없다고
그냥 돌아서면 엄마는
저승길 안 가셨을 텐데
괜한 생각을 하는
오늘 엄마의 제삿날이네요

나비허리길

원주시 단구동에는 나비허리길이 있다
이 길은 나비가 낳은 길
이 길은 나비의 허리를 빌려서 만들어진 길
이 길이 나비를 살렸을 거야
공생 정신과 공유하는 나비의 울음을
그치게 하는 길이 있다고
말 많은 개구리에서부터 매미까지
나비를 따라다니고
나비로 살고 싶었던 길에 이름표를 붙이고
봄이면 노랑나비 호랑나비가 먼저 와
길을 터 주면 길이 빛이 되는 거라고
내 손 잡고 날아 보자 하네
나는 날개가 없는데

그리운 엄마

기쁨에 목 아팠던 꿈속의 노동
몸을 흔들어 현실에 깨면 붉어지는 눈동자
늦잠에 붙어 있는 풀잎을 떼어 본다

연둣빛 벽에 붙은 오래된 사진 한 장
꿈속에 다녀갔을 그 모습 아련한데
또다시 잠든다면 못 알아볼 내 엄마

엄마 손 잡고 집으로 가는 골목길에
텅 빈 그림자 덩그러니
달빛이 지나간 자리에 눈물이 고이면
등을 내주며 눈물을 닦아 주는 가로등 아래
풀벌레만 눈치 없이 웃고 있다

우리 모두 깨달음이었네

무엇을 깨달았는지 묻지 않는 부처님
탁 탁 탁 못난 중생의 심중을
알고 계신다는 듯
느낌표와 쉼표를 손바닥에
올려 보여 주십니다

세상사 시름으로 쿵쿵거리고
못 견디는 마음은
나비 되고 꽃이 되었네요
불경 소리에 마음이 크게 열리고
멀리 있던 가벼움이
이렇게 가까이 있었다니

관세음보살 합장 속에
연못은 야단법석
수련을 높이 들자 고요해지는 풍경
자비로 커 가는 구룡사에서
우리 모두 깨달음을 얻었네요

이상하고 아름다운 도깨비 나라

이상하고 아름다운 도깨비 나라로
여행을 간다면 나는 그곳에서 도깨비가 되어
금 나와라 뚝딱 돈이 나와라 뚝딱 해 봐야지
개울을 만들고 돌담을 만들고
오막살이집을 짓고 굴뚝에서 연기를 피우고
저녁이면 마당에 멍석 깔고 하하 호호
찐 감자를 먹으며 서로가 저 별은
내 별이라고 욕심을 내고
마른 쑥 태우는 냄새에 모기들 해롱거리면
인간도 남의 피 빨아먹으면 저렇게 죽어 간다고
가정과 이웃 사랑에 욕심을 내자고 한다
동화책 백 권을 읽으며 아름다운
사람들과 여름밤을 보내고 싶다
이상하고 아름다운 도깨비 나라에
도깨비방망이 지금까지 녹슬지 않았으면

소나무

외로움을 견디지 못하는 나무들은
양팔 벌려 가지를 뻗어 본다
비바람에 스친 상처를 툴툴 털어 보면서
절대로 쓰러지고 꺾이면
안 된다는 춤사위를 이해할 수 있다

바람이 곁에 있는 가지들을 토닥이고
반갑고 고마운 태양이 오면
슬픔의 자국을 지우며 살아가는 허공에서
세상의 고통을 불러들여
가지 위에 올려놓으라 한다

두근거리는 나무의 심장 소리에
청진기를 대면 정상이라고
다시 팔을 높이 뻗어 올리며
모든 별자리는 쉬어 가라고
소나무는 오늘도 크고 있다

창과 방패

깜짝 놀랐다
가장 가깝다고 생각하고 믿었던 것들이
가장 멀리 있다는 것에 대한 분노
놀랄 것도 없지
어쩌면 처음부터 멀리 있는 것인데
가까운 척했을 테니까
하긴 그럴 수도 있지
처음부터 멀리 있다고 믿어야 했는데
가깝다 믿었으니 내가 먼저 다친 게 아닐까

글쎄 깨달음이라 할까
인간의 거리는 고무줄인 것이다
필요하면 당기고 목적을 다하면 놔 버리고
누군가가 무심히 놔 버린 고무줄에 맞으면
상처가 되는 것이다

이젠 생각할 필요가 없지
인간의 거리에 창과 방패가 필요하구나
이제야 깨달은 것은 어쩌면 다행일까
아니다
더 늦게 깨달았으면 차라리 좋았을 것이다

나비의 사랑

꽃들에게 눈멀어 매일 밤
아침을 기다리지
꽃들과 만나면 달콤한 이야기가
나비 허리에 매달리고
날개에 쓰인 사랑의 맹세가
호수처럼 맑게 빛나는 어느 날

나비는 나비의 나라로 돌아갈
시간이 온 것이다

다시는 만날 수 없어도
나는 꽃들의 나비였음을
오늘도 나비의 나라에서
더듬이를 길게 열어 꽃가루 찍어 가며
꽃들에게 보낼 편지를 쓴다

나뭇잎 배

한 계절을 흔드는 바람이 차갑다
나무의 여신으로 팔랑거리며 살았다고
세월의 시계 위에서 밤하늘 별을 세듯이
숫자에 능한 솜씨로
나이테를 그려 놓은 제주
모든 걸 접고 그만 낙엽이 되었지
햇빛에 그을린 나뭇잎 배가 되고 싶었지

바다도 강도 아닌 시냇물 소리 그리워
흘러 흘러 그 안에서 영원히 놀고 있을
물고기와 타인이 된 나뭇잎이
바람을 불러 돛이 되어 달라고 할 때
나는 삿대가 되어
나뭇잎 배를 타고 먼 여행을 떠난다네

꽃들을 위한 축제

안개 바람이 내 창가로 와 노크를 한다
일어나야 한다고 지금 일어나지 않으면
저녁에 후회할 것이라고
나는 자질구레한 일상을 정리하느라
늦게 잠이 들었는데
모자를 눌러쓰고 헤진 운동화 신고
원주천으로 차분한 안개 바람의 안내로
가까운 곳이지만 오늘따라 멀리 여행
온 듯이 들뜨게 하는 풍경

가을은 여름을 물속에 담가 놓고 물 위에서
꽃송이 세듯이 열매를 세고 있는 원주천
세월 가도 꽃들의 세계는 변함이 없음에
가을은 계수나무처럼 이파리처럼 달콤하다

내 창문을 노크하던 안개 바람이
여름날의 꽃들을 건져 돌다리 위에 얹어 놓으면
나비와 고추잠자리 벌들이 한꺼번에 날아와
여름이 가을 끝으로 가는 길목에서 축제를 하네
피고 지고 아니, 지고 피는 꽃들을 위한 축제를

염증의 묘약

그런 거 아닌가
결혼하고 살다가 자기 부족함으로 이혼한 자리에
염증이 나면 그 염증에 묘약인
고독과 함께 살아가는 거
인생을 그것으로 마무리할 줄 아는 사람은
도가 튼 사람이지
지나간 일들은 다 노루 꼬리만 한 이기심에
소박하고 정다운 것을 잃어버릴 때
그것이 인생에 포함되었다면 내 안에
그림자를 불러 놓고 나를 치료하고 위로하고
당신이라는 타인을 사랑했는지 미웠는지
값을 치르는 짧은 시간이 필요하겠지
가면을 벗을 때까지 인간은 한없이 모자라기에
내 기억을 뒤흔드는 미안한 고독을 승화시켜라
무심하게 흐르는 시간을 별을 보듯 묘약을
해석할 줄 알아야 그것이 사랑이라고
즉 인생은 사랑으로 시작하여
사랑으로 끝내야 답이 나오는 것
나는 가면을 벗으려고 살고 있었다